Todos los libros de Linkgua Ediciones cuentan con modelos de Inteligencia Artificial entrenados por hispanistas. Pregúntale al chat de tu libro lo que desees acerca de la obra o su autor/a.

Para ebooks: Accede a nuestro modelo de IA a través de este enlace.

Para libros impresos: Escanea el código QR de la portada con tu dispositivo móvil.

Obtén análisis detallados de nuestros libros, resúmenes, respuestas a tus preguntas y accede a nuestras ediciones críticas generativas para una experiencia de lectura más enriquecedora.
La transparencia y el respeto hacia la autoría de las fuentes utilizadas son distintivos básicos de nuestro proyecto. Por ello, las respuestas ofrecen, mediante un sistema de citas, las fuentes con las que han sido elaboradas.

Esteban Echeverría

Cartas a un amigo

Barcelona 2024
Linkgua-ediciones.com

Créditos

Título original: Cartas a un amigo.

© 2024, Red ediciones S.L.

e-mail: info@red-ediciones.com

Diseño de cubierta: Michel Mallard.

ISBN rústica ilustrada: 978-84-9007-946-1.
ISBN tapa dura: 978-84-1126-604-8.
ISBN ebook: 978-84-9897-680-9.

Sumario

Brevísima presentación

La vida

Esteban Echeverría (Buenos Aires, 1805-1851). Argentina.
Nació en septiembre de 1805 en Buenos Aires. Las muertes
de sus padres marcaron su infancia y su adolescencia. Fue
uno de los alumnos más destacados del departamento de estudios preparatorios de la Universidad, en el que ingresó en
1822 interesado por las asignaturas de latín, ideología, lógica
y metafísica.

Trabajó en la aduana, estudió historia y francés y escribió
poemas.

Más tarde, en octubre de 1825, marchó a Francia en un
viaje que marcó su orientación filosófica y política.

Murió el 19 de enero de 1851 de una afección pulmonar.

La iniciación

Las *Cartas a un amigo* despliegan un ritual iniciatorio que
empieza por afrontar la pérdida de la madre del autor y ter-
minan por un episodio de fascinación ante una mujer virtuo-
sa. Echevarría relata estos sucesos en unas epístolas dirigidas
a un amigo que prefiguran el estilo exhaltado de su obra La
cautiva.

Cartas a un amigo

1. Las almas de fuego no sienten como las almas vulgares

Querido amigo: después de tu partida, un suceso infausto
ha venido a interrumpir la tranquilidad de mi corazón. En el
seno de mis ilusiones y al abrigo del cariño maternal yo me
reposaba sin imaginarme, ni aun en sueños, que la desgracia
avara del bien podía venir a arrebatarme de ese mundo de
glorias engendrado por mi imaginación, para transportarme
a otro lleno de imágenes sombrías y de realidades terribles.
La previsión maternal me evitaba mil inquietudes y zozo-
bras y mi ser en una armonía perfecta gozaba de aquel bien
inefable que no tiene nombre en la tierra y que en la lengua
de los ángeles se llama felicidad. Mi madre también era feliz al ver el esmero que yo ponía en agradarla, al paso que
lisonjeado con la idea de que llegaría el día en que pudiese
recompensar de algún modo sus bondades y cariños, pro-
porcionándole una vejez cómoda y tranquila, yo me afanaba
en enriquecer mi inteligencia correspondiendo a sus deseos
para poder entrar a desempeñar con suceso en la sociedad
los deberes de hombre. Pero temo, amigo, que mis esperanzas sean ilusorias: una melancolía profunda se ha amparado
de su espíritu; ha renunciado a todo alimento y va perdien-
do poco a poco sus fuerzas. Un presentimiento fatal le dice,
como en secreto, que se acerca el término de su carrera y la
hace desesperar de su salud. En vano trato yo de disuadirla
para que aleje de su imaginación esas lúgubres ideas y se
libre a su jovialidad ordinaria; en vano, amigo: una especie
de vértigo embarga sus sentidos y no presenta a su espíritu
enervado sino imágenes de muerte. Parece que una mano
oculta la arrastra hacia el sepulcro. ¡Qué desdichado seré si
pierdo a esta buena madre! ¿Quién será mi mentor y mi guía
en el camino del mundo? Tiemblo al pensarlo solamente. Sin

experiencia en la edad de las pasiones, devorado de mil deseos, ¿quién será mi consejo? ¿Quién me ayudará a retener estos impulsos violentos del corazón y me hará oír la voz de la razón en medio de la tormenta de las pasiones? ¿Quién me emulará en mis estudios y me enseñará el camino por donde se llega a la ilustración? ¿Quién será, en fin, mi verdadero amigo?

Una idea me atormenta: creo haber sido la causa involuntaria de la melancolía que la consume. Los halagos seductores de una mujer me arrastraron a algunos excesos; la ignorancia y la indiscreción propagaron y exageraron estos extravíos de mi inexperiencia: ella los supo y desde entonces data su enfermedad: calla por no afligirme, sin duda, pero yo he creído leer en su semblante mi acusación y mi martirio.

2. Junio 30 de 182...

Mis infaustos temores se van realizando. Ya no hay medicina para su mal. Cuando articula algunas palabras, el cansancio y la fatiga las ahogan entre sus labios. Paso los días y las noches al lado de su cama prodigándole mis inútiles cuidados, y no me canso de contemplar aquella fisonomía antes tan dulce y expresiva, ahora pálida y desfigurada con el lívido velo del dolor. Sin embargo, sus ojos conservan toda su expresión y son aún el espejo de aquel corazón tan sensible, tan puro y tan humano. Anoche lo pasé en vela a su lado, y por la mañana me retiré a descansar; pero al poco rato me hizo llamar. ¡Ah, qué escena tan desolante! Arrojéme sobre su cuerpo casi yerto, lo regué con mis lágrimas, imprimí mil y mil besos sobre su frío rostro y pareció animarse como con un éter vivificante al respirar mi aliento; recogió todas sus fuerzas y articuló estas palabra: «Hijo, yo me muero: la Providencia me llama a su seno... Ya mi hora va a sonar: tú quedas solo en el mundo... No te olvides de mis lecciones.. Eres joven; no te dejes arrastrar por tus pasiones... El hombre debe abrigar aspiraciones elevadas. La Patria espera de sus hijos: ella es la única madre que te queda: A...» y la palabra expiró en su garganta y la expresión de su fisonomía y de sus ojos me dijeron el resto con voz callada y elocuente. Mi dolor llegó a su colmo, me arrancaron de entre sus brazos y mi mente está aún tan turbada que me falta el tino para escribirte.

¡Qué preliminares tan espantosos los que preceden al pasaje de la vida a la muerte! Como si la distancia del ser al no ser fuese inmensa; como si un muro de diamante se interpusiese entre el sepulcro y la vida, se mueven mil resortes para evitar el golpe fatal; pero él cae como la cuchilla justiciera burlándose de nuestra previsión y poder y nos muestra en un instante que la vida y la muerte son dos puntos que se tocan o dos accidentes pequeños en la vida general del universo.

3. Julio, 28 de 182...

El verdadero motivo de mi silencio lo habrás, sin duda, adivinado. Llegó al fin el fatal momento y con él un cúmulo de aflicciones que ya me faltan fuerzas para soportar. La vigilia y el dolor me obligaron a hacer cama; no he podido verla más ni decirle el último adiós. Me ocultaron la catástrofe por algunos días; pero el semblante de los que me rodeaban hablaba elocuentemente a mi corazón. ¡Qué momentos tan crueles! Levantéme de cama; busqué a mi madre y no la encontré; estaba en el sepulcro. La eternidad la separaba de mí. Mis sentidos cayeron en estupor, la fuerza del sentimiento heló las lágrimas en mis ojos, y mi corazón quedó como deshecho. He permanecido por algunos días en una especie de pasmo o suspensión de que conservo una idea muy confusa: estuve, según me dicen, a punto de enloquecer. He salido por fin de ese letargo, pero para sentir más el horror de mi situación. Ven, amigo, y sabrás apreciarla, la pluma cae de mi mano. Perdí a mi padre cuando no podía aún apreciar su pérdida y en un mes he perdido lo que más adoraba y lo que hacía la felicidad de mi vida. ¿Qué es la vida, amigo, y la felicidad para el hombre? Vanos sueños, sombras fantásticas que se disipan en un momento.

4. Agosto, 1°

Ella expiró; pero su imagen está grabada aquí en mi corazón y en todas mis potencias con caracteres indelebles. Ella me consuela en mis sueños y me acompaña en todas partes. El hábito de verla y hablarla me lleva muchas veces a su cuarto: allí está la silla, el sofá, la mesa, la cama; pero todo desierto y silencioso... Salgo de allí como un frenético y corro por las calles hasta llegar a su sepulcro; me hinco sobre la fría losa que lo cubre; lloro, ruego, la llamo y una voz apagada me responde del seno de la tierra: «Está en el cielo». Sí, amigo, está en el cielo, pero yo no estoy con ella y estoy solo en el universo.

5. Agosto, 28

Tú me aconsejas un viaje a la capital donde los pasatiempos y la sociedad podrán proporcionarme alguna distracción y contribuir a aliviar mi dolor. Te engañas, amigo, si has creído que el ruido del mundo y el trato de los hombres puedan ser un bálsamo para mi corazón. Además no está entre los felices el consuelo del desdichado. No hay amigos para el dolor, porque el que sufre lleva escrito en la frente este emblema que todos miran con horror. Nada yo puedo hacer para halagar las pasiones del hombre feliz. La prosperidad es el único cebo de los amigos; ellos vienen cuando podemos entregarnos con júbilo insensato a los placeres y mezclarnos en sus reuniones tumultuosas, destilando con boca risueña pláticas insípidas y licenciosas. Pero cuando la tristeza oscurece nuestros semblantes y las lágrimas humedecen nuestras mejillas, huyen aterrados. Este triste desengaño lo he adquirido desde la muerte de mi madre: pocos días de tribulación han bastado para alejar a mis amigos de casa; mi dolor los fastidia y me llaman débil porque sé sentir. Tú solo me has quedado en esta tormenta. Estoy rodeado de ingratos y debo salir de este lugar que solo me inspira ideas desolantes: y ¿adónde iré?

9. Septiembre, 20

He resuelto bajar a la Capital, donde me llama un litigio de intereses que dejó pendiente mi madre; mi salud está muy quebrantada y pienso antes pasar algunos días en una estancia poco distante de... De allí te escribiré cuantas veces haya proporción. Vengo de regar con mis lágrimas, quizá por la última vez, la tumba de mi madre: mil dolorosas memorias vinieron a asaltarme en aquel religioso deber; allí se me presentaron como fantasmas colosales los deslices de mi juventud y me increparon con voces penetrantes mis errores. En vano tú tratas de disuadirme: yo abrevié los días de mi desventurada madre; mis desaciertos le ocasionaron aquella melancolía profunda que la consumió; yo robé al mundo aquella vida tan preciosa empleada toda en socorrer al desvalido y en aliviar la humanidad doliente.

¡Y aún vivo, y aún la tierra me sustenta!... ¿Por qué no se abre bajo mi planta y me sepulta de una vez en sus entrañas? Así al menos los ayes de mi dolor no importunarían al mundo; el eco sordo de la conciencia y el murmullo de la detracción no herirían más mis oídos; ni esos hombres intolerantes y débiles que no consideran la edad, la inexperiencia, los lazos que la sociedad corrompida tiende a la indiscreta juventud, me fastidiarían con sus insípidas reflexiones, ni con el amargo cuadro de mis desaciertos. ¿Y somos por acaso árbitros de nuestras acciones, cuando las pasiones hierven en el corazón; cuando luchamos débiles contra las tentaciones que nos rodean para relevarnos en la opinión de los demás; para hacer ver que somos fuertes y cautivar la admiración y los aplausos? ¿No son la presunción y el orgullo las primeras lecciones que nos da la sociedad, y por consiguiente los primeros móviles del corazón humano?

La vida es un sueño que agitan mil imágenes terribles.
Mil imágenes terribles agitan el sueño de la vida.

7. Octubre, 1°

La herida de mi corazón sangra a cada paso y no hay bálsamo en la tierra que pueda curarla. Busco a mi madre y no la encuentro, y una voz interior me dice: tú abreviaste sus días... perdóname, sombra querida; no fue mi voluntad criminal; yo estoy inocente y te venero, y te adoro aún más que mi vida.

8. Octubre, 2O

Tú sabes cómo yo me recreaba con la vista de alguna escena imponente de la naturaleza; cómo gustaba entregarme al curso de mis pensamientos en medio de las llanuras desiertas de nuestros campos o en el abrigo de esos montes donde apenas penetra la luz; cómo mi imaginación se eleva en la soledad a las más altas contemplaciones ansiando penetrar los arcanos del universo. Tú me has visto más de una vez desaparecer súbitamente de las placenteras reuniones, abandonar mis lecturas favoritas, para ir a esparcir mi ánimo en el retiro silencioso y entregarme libre a la meditación. ¡Qué instantes tan felices aquéllos! Entonces mi corazón estaba tranquilo; ningún contratiempo había venido aún a turbar la armonía de mis facultades, y exento de cuidados podía divagar a mi antojo por las regiones fantásticas de mi imaginación. Ahora obligado a arrastrar la pesada cadena del infortunio, me muevo lentamente; estoy atado a la argolla de los pesares, punzado a cada paso por el aguijón del dolor, devorado interiormente por una actividad que me consume; y sin poder desatarme de las prisiones que me abaten, siento un gran vacío en mi corazón que nada creo es capaz de llenar. ¿Dónde está la que me dio el ser; la amiga de mi juventud; la mujer venerable cuyo influjo divino relevaba mi espíritu abatido descubriéndole un mundo nuevo de ideas y pensamientos sublimes? Ninguna de mis facultades quedaba inactiva en su presencia y siguiendo mi inteligencia progresivamente sus inspiraciones, se elevaba sin sentirlo hasta la excelsitud de mi razón abrazando en su vuelo sublime la inmensidad de la creación. Ella penetraba todos mis sentimientos porque mi alma y la suya eran como dos hermanas.

9. Noviembre, 2

Mi anterior fue escrita en camino y hoy hace dos días que estoy en la estancia de... Pienso permanecer aquí algún tiempo por ver si consigo restablecer mi salud. El paraje es desierto y solitario y conviene al estado de mi corazón; un mar de verdura nos rodea y nuestro rancho se pierde en este océano inmenso cuyo horizonte es sin límites. Aquí no se ven, como en las regiones que tú has visitado, ni montañas de nieve sempiterna, ni carámbanos gigantescos, ni cataratas espumosas desplomándose con ruido espantoso entre las rocas y los abismos. La naturaleza no presenta variedad ni contraste; pero es admirable y asombrosa por su grandeza y majestad. Un cielo sereno y transparente, enjambres de animales de diversas especies, paciendo, retozando, bramando en estos inmensos campos, es lo que llama la vista y despierta y releva la imaginación. He notado en mi tránsito que las gentes son sencillas y hospitalarias; siempre me han dado alojamiento en lo interior de sus reducidas chozas como si no fuese un desconocido. Mis huéspedes me han hecho el mismo acogimiento y me han cobrado en dos días una afección y cariño que no he podido adquirir con un trato largo y continuo en las ciudades. Se empeñan en que los acompañe algunos meses. No saben mi desgracia, pero han notado que estoy melancólico y que busco la soledad. ¡Buena gente! ignoran que la tristeza ha echado raíces profundas en mi corazón.

10. Diciembre, 12

Todo entregado a la meditación paso momentos deliciosos en estas soledades. Mi imaginación se anima y sale del letargo sombrío y ominoso que la abruma, al contemplar los encantos del espectáculo maravilloso que la rodea. De todo me olvido, de mi dolor, de mi aislamiento, del mundo y aun a veces de mí mismo. Al romper el día hago ensillar mi bruto fogoso, monto y salgo con algunos peones a recorrer el campo y los rodeos de ganado; luego me separo de ellos y voy a visitar algunos ranchos vecinos y en todos encuentro la satisfacción y el regocijo que huyen de mí. Huyo yo también de estas moradas de felicidad y perseguido por mis lúgubres ideas, suelto la rienda a mi caballo, para aturdir mi mente y me alejo más y más hasta perderme en medio del desierto. Persigo al sagaz avestruz, corro en pos del ligero venado y luego bajo fatigado a reposar en el verde prado. ¡Qué gusto! verse transportado de aquí allí como por las alas del viento; volar de un sitio a otro y esparcir su vista a la vez por horizontes diversos y luego venir a reposarse alrededor de una multitud de insectos que hormiguean y chillan, de una multitud de aves que vuela o reposa también, y de enjambres de cuadrúpedos que rumian tranquilamente la yerba! ¡Observar el orden y la armonía de la naturaleza y elevarse hasta la meditación de sus leyes inmortales, y descubrir allá, en el corazón del universo, la mano omnipotente que lo rige! ¡Qué vuelo tan sublime toma entonces la fantasía, cómo se llena de gozo a medida que penetra y mira faz a faz los maravillosos arcanos de la creación! Su elemento es infinito, el cielo, los espacios imaginarios, el universo todo, lo abarca y lo sujeta a su atracción. ¿Quién no queda absorto al contemplar en la callada noche el disco melancólico y plateado de la Luna, acompañado de esa multitud de faros rutilantes que pueblan el firmamento? ¿Quién, al respirar el aroma vivificante de las flores en medio de esta soledad y de este silencio que no interrumpen sino el balido de la oveja, el relincho del caballo y el chillido de los insectos, queda frío espectador y no siente en su corazón emociones peregrinas? Y luego ¡tanta luciérnaga ambulante, el murmullo del arroyo y esos fuegos fatuos que se levantan, se acercan, se alejan y desaparecen dando pábulo a la fantasía y aterrorizando al vulgo! Son las doce de la noche y es la hora que yo voy como Ossian a interrogar mis recuerdos al resplandor de la Luna, a escuchar las melodías aéreas y a hablar con mi corazón.

11. Diciembre

Ayer, retirándome a mi choza con el crepúsculo vespertino encontré a una joven campesina arreando a caballo, un pequeño hato de ovejas que se había alejado un poco del redil, en busca de alimento. Su rostro hermoso, aunque algo tostado por el ardor del Sol, su aire pensativo y melancólico, me interesaron. Acerquéme a ella cortésmente y la dije: «parece que usted no se apura mucho por concluir su tareas y las ovejas se han apercibido sin duda de su negligencia y caminan con pasos perezosos. ¿Quiere usted que le ayude? Ya la noche se acerca y hay alguna distancia de aquí a su rancho». «Muy bien», señor, me contestó, y heme aquí pastor de Arcadia guardando ganados con mi bella Galatea: ella por un lado y yo por otro picamos los caballos y dimos un repunte a las ovejas que se habían desparramado un poco, y seguimos al tranco sus lentos pasos, dando de cuando en cuando un grito o un silbido para hacerles notar nuestra vigilancia. Caminábamos así y punzado por la curiosidad le dije: «usted me parece triste y pensativa ¿Qué cuidado le aflige?». «Ninguno, señor», me contestó. «¿Cómo ninguno?» la repliqué: «su fisonomía de usted indica que tiene alguna pena secreta y yo me intereso en saberlo.» «No, señor, no tengo pena ninguna», y las lágrimas le brotaron en los ojos.

En esto la Luna aparecía como un globo de fuego en el claro horizonte y bailaba con sus rayos plateados la inmensa llanura que semejaba a un océano movido por la brisa suave del occidente. El cielo estaba claro y centellaban aquí, allí, en el firmamento con luz incierta varios grupos de estrellas, mientras que el aire embalsamado con el aroma de las yerbas halagaba dulcemente los sentidos y despertaban en el corazón mil emociones tiernas y apacibles. Paráronse las ovejas a poca distancia del rancho y oí una voz de mujer desde su puerta repetir altamente: «¡María! ¡María!» «¿Quién la llama a usted?» la dije. «Mi madre, me contestó; no tiene más compañía que yo y se aflige cuando está sola; mi padre y mi hermano están en la frontera.»

Llegamos en esto al rancho y la madre de María me recibió con agasajo sencillo pero algo embarazada y sorprendida; mas luego se recobró cuando le conté el encuentro fortuito de su hija. En su modo de expresarse y maneras manifestaba la señora que no había tenido siempre el rústico roce de los campesinos. Hablamos de cosas indiferentes y le hice notar el interés que me había inspirado el rostro y ademán melancólico de María. Entonces ella me contestó poco más o menos en estos términos: «La tristeza de mi hija es muy fundada; mi hijo hace como un mes partió con un escuadrón de milicias que salió a escarmentar los bárbaros de la frontera, que como usted debe saber, han entrado a nuestros campos matando, robando y desolando todo cuanto encuentran. El futuro esposo de mi hija ha ido enseguida de él y hemos quedado solas con un peón de mala cabeza que hace dos días que no parece por aquí. Aún no hemos tenido noticias de ellos y nuestro cuidado se aumenta porque supimos ayer que el escuadrón fronterizo se ha batido con los indios. ¡Quién sabe cuál habrá sido su suerte! Yo que estoy habituada a los contratiempos y los trabajos, no me afecto tanto como María que empieza a vivir y se ha hallado burlada en sus primeros amores». «Pero su hija de usted debe consolarse, le contesté, pues su amante ha ido a llenar uno de los primeros deberes del patriota y se cubre de gloria cuando corre a prestar su brazo para defender su tierra posponiendo los intereses de su corazón a los de la patria.»

Este elogio de su querido animó a María que enajenada dijo: «Mire usted si tendrá sentimientos elevados Alberto: estábamos en vísperas de casarnos cuando llegó a sus manos una proclama del gobierno a los habitantes de la campaña anunciándoles la próxima incursión de los indios y diciéndoles que se preparasen para defender sus fortunas y familias. Ese mismo día escogió sus mejores caballos, preparó su equipaje y me dijo: La Patria, tu vida y la de mi familia peligran, los indios están próximos; estos son deberes sagrados para un hombre de honor, yo no puedo desconocerlos. Cuando haya servido a mi Patria vendré a consagrarte mi mano y mi corazón. Ya tu hermano me precedió, voy a seguirlo: adiós, volveré glorioso y enamorado. Diome un abrazo y se fue».

La noche estaba avanzada, mi caballo algo cansado de las carreras del día, mi rancho algo distante, y resolví, cediendo a las repetidas instancias que me hicieron, pasar la noche allí. Cenamos los tres cordialmente un buen asado de cordero; retirámonos a dormir y al romper el día dije adiós a mis dos amables huéspedes, después de haberles prometido que pronto les daría noticias ciertas de los ausentes. Quedaron algo consoladas con mi promesa, monté a caballo y me retiré lentamente pensando sobre las vicisitudes de la suerte y sobre la fragilidad de las cosas humanas.

La idea de los padecimientos de los otros debe derramar el bálsamo de la conformidad en los corazones afligidos, pues que ella nos prueba claramente que la humanidad nació para sufrir. Yo siento menos mis dolores cuando pienso que otros son más infelices que yo y soportan con más paciencia sus calamidades.

He sabido que la señora de que hablé en mi última carta pertenece a una familia distinguida de... que poseía una fortuna pingüe en la campaña, y que la guerra civil la dejó del día a la noche casi en la indigencia. Después de esta catástrofe reunió lo que pudo de los despojos de su riqueza y reducida por la necesidad se retiró con su marido y sus dos hijos al paraje donde yo la vi ayer. Su esposo murió al poco tiempo y sin más apoyo que su hijo y María vive soterrada en el campo, olvidada del mundo, y conforme con su destino.

Hoy me retiraba al tranco del caballo a mi rancho acompañado de un peón. El viento adormido apenas respiraba. El Sol flameaba como una hoguera inmensa en el firmamento y el blanco desierto semejaba a un mar de luz resplandeciente. Toda la naturaleza parecía envuelta en un letargo profundo ocasionado por el ardor febeo. Caminábamos y de repente una nube opaca nos interceptó los rayos del Sol y nos cubrió con su sombra; miré hacia el cielo y vi con admiración cómo un cono opaco cuya base tocaba en la tierra y cuyo vértice se elevaba hasta las nubes que reflejando los rayos de la luz, parecía coronado de una aureola resplandeciente, y ondeaba y hervía como torbellino en el espacio. Pregunté al peón qué era aquello, y me contestó: «es un hormiguero de hormigas voladoras que ha reventado: cuando el tiempo está sereno, el viento no sopla y hace mucho calor, revientan con frecuencia. ¿Qué usted nunca ha visto eso?». «No, le respondí; es una cosa bastante rara y dudo que sea lo que tú dices.» Llegamos a casa y la relación de muchas personas confirmó mi fe en este fenómeno maravilloso, que yo había tomado por meteoro.

Hoy, cansado de galopar y sediento, detuve la rienda a mi caballo en la orilla de una laguna poblada de espadañas y juncos. El Sol flameando en el mediodía, abrasaba la tierra, y los húmedos vapores que se elevaban de la laguna formando una nube de humo sobre su superficie tranquila, reflejaban los rayos luminosos, trasformándolos en mil iris resplandecientes que deslumbraban la vista. Sofocado de fatiga y de sed acerquéme a tomar un poco de agua; pero vi con sorpresa multitud de peces flotando como muertos sobre la faz cenagosa de la laguna. Un olor corrompido hirió mi olfato, y ya no fue posible refrigerar mi cuerpo inflamado, ni humedecer mi seca garganta. Hacía como un mes que no llovía, las aguas estancadas se habían evaporado poco a poco, con los rayos ardientes del Sol, y todos los habitantes que contenía habían perecido. Varios nidos de chajáes y cuervos, como columnas de paja, flotaban aún sobre aquella agua cenagosa y sus infelices dueños habían ido a buscar paraje más adecuado a su naturaleza y más halagüeño, dejando abandonados en ellos a la inclemencia y orfandad los tiernos frutos de sus malogrados amores. Aproximéme a caballo a uno de aquellos nidos y lo vi cubierto de polluelos de cuervo, que al mirarme piaban y saltaban como si creyesen que yo les traía algún alimento. Tomé uno en mi mano; comencé a halagarlo y vi con horror que vomitó de su cuerpo un sapo, una víbora y un huevo de perdiz. Soltélo al punto con asco y me retiré precipitado de aquel lodazal inmundo de la muerte. Así, amigo, todo parece que conspira en la naturaleza a la destrucción. Los elementos inertes y etéreos están en guerra continua con la naturaleza animada. Esta sostiene la lucha, y sucumbe o triunfa momentáneamente. Todos los seres procuran mutuamente su destrucción. Los animales de una misma especie se devoran entre sí, y aun algunos se alimentan con el propio fruto de sus entrañas, para obedecer al instinto imperioso de la conservación. El hombre destruye cuanto está a su alcance y aun a sí mismo sin necesidad, y el tiempo, o la muerte, gigante voraz e insaciable sentado sobre las ruinas y los despojos de lo pasado, aniquila y anonada a la vez cuanto nace en el universo. Pero existe derramado en la creación un poder inagotable de vida, que de la escoria de todos estos elementos desorganizadores engendra nuevos seres, purificando en el crisol del tiempo el espíritu creador que las anima.

15. Enero, 23

Sí, amigo, voy a partir; quiero experimentar los afectos de la vida activa que tú me alabas; sé que la inacción me es nociva; pero te engañas si has creído que mi existencia está al presente inactiva. El águila se goza en su área sublime; el león en su guarida solitaria; solo al hombre no le es dado encontrar reposo en ninguna parte; su vida es un peregrinaje continuo y fatigoso hasta el día en que la eternidad se abre a sus ojos. Cada máquina tiene su resorte principal que rige todos sus movimientos; pero la humana tiene infinitos que pongan en ejercicio constante sus facultades. Siento separarme de estas buenas gentes y de lugares que han endulzado con su atractivo las penas de mi corazón; pero mi salud ya está restablecida y algunos negocios de interés me llaman a la capital; mañana pienso ponerme en camino.

16. Febrero, 1°

Heme por fin en el término de mi viaje fatigado del choque de mis pensamientos y envuelto siempre en mis tétricas ideas. En vano la naturaleza se me ha presentado revestida de todas las bellezas que la decoran; mi mente la cubría toda con su fúnebre velo, y las más halagüeñas imágenes, aun cuando despertaban instantáneamente mi admiración, perdían luego su atractivo en el curso de mis reflexiones. ¡Qué triste posición es, amigo, la del que se halla aún joven burlado en sus más halagüeñas esperanzas, destituido de sus más lisonjeras ilusiones, sumergido en la nada de la vida y rodando en el torbellino del mundo! El torrente lo arrastra más y más, y sin poder resistir a su ímpetu arrebatado, se ve al fin envuelto en el precipicio, si alguna mano amiga, si alguna tabla benéfica, no viene a sostenerlo en su naufragio.

La casa que habito está situada en uno de los sitios más hermosos de esta ciudad. Las ventanas de mi aposento miran a la alameda, y el Plata extiende ante mis ojos sus ondas turbulentas y majestuosas. Hoy al toque de diana me levanté, abrí una de las ventanas y me senté a respirar el aura fresca y aromática del Oriente. ¡Qué espectáculo! El cielo estaba sereno; el Sol rielaba el horizonte diáfano con sus cárdenos rayos, las aguas del padre de los ríos se hallaban en una perfecta calma: todo era silencioso, y solo se oía el suave choque de las olas que besaban las peñas en cadencia y armonía. Un dulce sueño de ilusiones se amparó de mi imaginación, no me sentía a mí mismo; mas de repente, hirió mis oídos un sordísono murmullo; desperté; tendí la vista y vi que era el ruido que hacían los habitantes esparcidos por la alameda. El astro del día flameaba ya en el firmamento y se miraba con placer en el espejo inmenso del Plata. Las pasiones de los hombres al ver la luz se habían despertado: yo salí como ellos de mi letargo, y mi ilusión se fue.

Asisto al paseo público diariamente sin salir de casa. Llega la tarde, me siento en mi ventana, y veo pasar a los curiosos, a los afligidos, a los enamorados o a los que la vanidad del lujo trae a la Alameda. De toda esta multitud de gentes que se reúnen por diversos motivos en un mismo sitio, los vanos me parecen los menos disculpables. El curioso viene por satisfacer un instinto casi natural; el afligido porque se imagina que la diversidad de objetos, el ruido que hacen los que van y vienen, podrán aliviar el peso de su corazón, y el enamorado por buscar el alimento exquisito de la pasión que lo domina, pero el vano es arrastrado por una inclinación baja y pueril, por el innoble deseo de saciar su mezquina ambición con las miradas, las críticas o los elogios de los tontos a quienes su ostentación deslumbra. A las mujeres se les puede tolerar esta pequeña extravagancia anexa a la debilidad de su sexo, porque en cambio poseen las gracias, la belleza y ese deslumbrante atractivo, gloria y tormento de nuestros corazones. Pero a los hombres, no, porque el hombre nació para más alto fin, para pensamientos más nobles y elevados. Hay otra clase de seres, mofa o irrisión de la especie humana que frecuentan mucho los paseos públicos y en general todas las reuniones donde pueden introducirse; éstos son los pisaverdes o paquetes como aquí les llaman. Su ocupación es mirarse y remirarse, tocarse y retocarse; caminar a compás como en la danza, andar siempre a la moda y hacer centro del mundo su cerebro microscópico A esta alameda asisten algunos; pero excuso hablarte de ellos porque Buffon, creo, trata largamente de esta clase en el capítulo micos. Me acuerdo que ayer vi uno de estos entes perseguir con sus miradas y ademanes una señorita bella e interesante por su exterior modesto, quien visiblemente se fastidiaba de sus atenciones. ¡Pobres hombres!

19. Febrero, 16

Son las doce de la noche y todo está listo en mi derredor de mí, todo duerme; todo parece en calma. Cuando los otros reposan, yo estoy agitado; cuando duermen, velo. Las horas destinadas al olvido de todos los ciudadanos son las que escojo para meditar en silencio. Este silencio, esta soledad son los amigos, los compañeros a quienes comunico mis cuitas. Ahora estoy al parecer solo; pero no es así. Mil entes de formas diversas, ya bellos, ya monstruosos vagan alrededor de mí. Mil voces mágicas y aéreas mezclándose al sordísono murmullo del viento y de las olas del Plata que se deslizan suavemente sobre la arena, halagan mis sentidos con una melodía dulce y apacible; un éxtasis divino me embarga al escucharlas; mis sentidos se adormecen, me reconcentro en mí mismo y luego se despiertan en mi fantasía mil cavilaciones sublimes. Los recuerdos se levantan gigantescos en mi memoria y lo pasado y lo futuro se despliega revestido de diversos calores ante el mágico espejo de mi imaginación. Me detengo a mi arbitrio a examinar y analizar cada objeto que se me presenta, porque soy, a la vez espectador y actor; y luego cuando me fastidio, como los niños, de aquella fantasmagoría apago la lumbre de la linterna mágica y todo es oscuridad y las tinieblas se suceden a las dulces ilusiones de lo pasado y lo porvenir. Así es el hombre: llevado por las alas de la imaginación remonta más y más por las regiones fantásticas de lo infinito y cada paso que da en esa esfera de quimeras e ilusiones, engendra un caos para su espíritu y una congoja para su corazón. Pero, amigo, oigo música; los sones melodiosos de una guitarra y una voz meliflua. Escucho. Adiós.

20. Febrero, 17

Mi anterior la interrumpieron loa dulces ecos de una vihuela y la tierna y quejumbrosa voz de un enamorado que había escogido el silencio de la noche para venir a cantar los quebrantos de su corazón al pie mismo de la ventana donde dormía tranquilamente la causadora de ellas. ¡Qué cruel debe ser el martirio del que ama sin ser correspondido! A medida que su pasión crece, a medida que su imaginación se engolfa en la ilusión encantadora de la posesión del objeto amado, cada desdén es un puñal agudo que se clava en su corazón, o una sierpe que roe envenenando sus entrañas; cada desengaño una nube opaca que se levanta a oscurecer el astro de su esperanza. Es de compadecer el que se halle en semejante situación. ¡Ah, mujeres, cuán fatales son vuestros atractivos! Una mirada dulce de vuestros hermosos ojos, llena de delicias y angustias nuestros corazones y pone en tormenta deshecha nuestras pasiones tranquilas; y cuando una mirada tierna puede arrancarnos del pecho el aguijón doliente y calmar nuestra agitación no la dais y os deleitáis en clavar más profundamente la envenenada vira y en ver consumirse en sus propios fuegos al infeliz que no fue de hielo a vuestros incentivos.

Los versos siguientes, según recuerdo, son los que cantaba el amante mal correspondido; pero esos tristes ecos los llevó el viento. Ninguna voz consoladora le dijo siquiera: «te he oído, pero tus esperanzas son vanas».

> Al bien que idolatro busco
> Desvelado noche y día,
> Y tras su imagen me lleva
> La esperanza fementida;

Prometiéndome halagüeña,
Felicidades y dichas.
Ángel tutelar que guardas
Su feliz sueño, decidla,
Las amorosas endechas
Que mi guitarra suspira.
Sobre el universo en calma
Reina la noche sombría,
Y las estrellas flamantes
En el firmamento brillan:
Todo reposa en la tierra,
Solo vela el alma mía.
Ángel tutelar, etc.
Como el ciervo enamorado,
Tras la corza se fatiga,
Que de sus halagos huye
Despiadada y esquiva,
Así yo corro afanoso
En pos del bien de mi vida.
Ángel tutelar que guardas
Su feliz sueño, decidla,
Las amorosas endechas
Que mi guitarra suspira.
El contento me robaste
Con tu encantadora vista,
Y sin quererlo te hiciste
De un inocente homicida.
Vuélvele la paz al menos
Con tu halagüeña sonrisa,
Ángel, etc.

21. Febrero, 24

Mis relaciones en este pueblo son aún muy escasas; la mayor parte de mis antiguos condiscípulos se han desparramado: he encontrado algunos, pero todos tan infatuados de presunción y de saber, que no me han quedado ganas de volverlos a ver. Tú sabes que no tengo pariente ninguno cercano; así es que paso una vida abstraída y solitaria en medio del bullicio de los hombres. Además, he sido tan desgraciado en mis primeras amistades que no apetezco adquirir otras por no chasquearme de nuevo. Una señora muy respetable, antigua amiga de mi madre y que me profesa un cariño sincero, se ha empeñado en llevarme a algunas casas y en hacerme asistir a algunas tertulias; pero yo lo he rehusado siempre, dando por excusa el estado enfermizo de mi salud y mi poco gusto por esa clase de pasatiempos. Ella ha insistido tanto que al fin ha sido necesario ceder, y la he prometido acompañarla a una tertulia que tiene lugar una vez por semana en casa de una amiga suya. Allí iré más bien como espectador que como actor. ¿Qué placer podré yo encontrar en sitios donde reinan el regocijo y la alegría? Los corazones tristes y enfermos no se abren fácilmente al contento. El que sufre entre los felices, es un ser heterogéneo y sin atractivo. Además lo que halaga generalmente a los otros es indiferente para mí. Ya se me acabó aquella pasión por el baile y las reuniones tumultuosas que me lisonjeaba en otros tiempos. El único de mis gustos favoritos que me ha quedado, es el de la música y el canto: siempre hallo delicia en escuchar los sones armoniosos de un instrumento o los ecos melancólicos y tiernos del corazón. El infortunio ha levantado una barrera inmensa entre el mío y las distracciones mundanas. Ya me empalagan esos manjares insustanciales e insípidos que busca la juventud anhelante.

Mi ánimo necesita ahora otros alicientes para conmoverse: siento que algo me falta: pero no acierto a adivinar lo que es. La sed me devora pero no sé adónde ir a apagarla. Una fiebre continua me agita y saca por momentos de quicio mi razón. Mi estado es el de un volcán que no necesita sino un débil impulso para lanzar las materias inflamadas que fermentan en su seno.

Mi corazón es un torrente inflamado que en vano quiero comprimir, él hierve, se agita, rebosa y rompe con el ímpetu ciego de un torbellino; mi fantasía le presta sus alas y ambos me transportan fuera de mí con vuelo impetuoso y sublime. ¿Qué es, amigo, la razón cuando las pasiones son tan activas y fogosas? Si una idea se despierta en mi mente, mi imaginación se ampara de ella. La vuelve y la revuelve dándole mil formas y revistiéndola de apariencias monstruosas inefables y luego se pierde con estas imágenes fantásticas en las regiones del infinito. Si un sentimiento se despierta en mi corazón, corro en pos de él con la velocidad del rayo, lo abrazo, lo comprimo en mi seno y lo reduzco al fin en mis insensatos transportes a cenizas y a nada, como aquel meteoro inflamado los objetos que toca. Todos mis sentimientos e ilusiones son como relámpagos fugaces que ofuscan un instante con su vivo resplandor y desaparecen dejando sumergido al infeliz peregrino en lúgubre y espantable noche: así la felicidad huye de mí velozmente porque todo me sacia y empalaga o más bien porque nada es capaz de llenar este vacío inmenso de mi corazón.

Estoy asombrado de mí mismo: quisiera ver por momentos aletargadas todas mis facultades o estar sumergido en un profundo sueño. Mi cerebro es un caos donde se agita un mundo de elementos heterogéneos. Mis pasiones son infinitas y las cosas de la tierra de un día, de una hora, de un instante, son humo ante el viento embravecido, o átomos en la inmensidad. Mi primer cuidado al llegar aquí fue el de obtener noticias ciertas sobre el hermano y el novio de María: un amigo empleado en la secretaría de guerra me prometió dármelas pronto, y aun hacer empeño para que se diese de baja a estos dos jóvenes, único apoyo de una familia indigente y desgraciada. Determiné aguardar el resultado de estas promesas antes de escribir a la madre de María, deseando comunicarle algo que minorase la cruel ansiedad en que las dejé. Pero, amigo, mis esperanzas han sido burladas por una catástrofe terrible que ha venido a consumar los infortunios de esa familia, y a llenar de llanto y duelo otras muchas de nuestra campaña. El escuadrón de milicianos donde estaban incorporados el hermano y el novio de María, ha sido destruido completamente por un enjambre de indios que los sorprendió al amanecer. Apenas escaparon ocho soldados que han venido derramando con la voz de indios y de derrota el terror y el espanto por todos los ámbitos de la provincia. El hermano y el novio de María murieron en la refriega peleando valerosamente. María ha perdido la razón, y su infeliz madre llora sobre el cadáver del único apoyo de su vejez y sobre el infortunio de su única compañera en medio del desierto. La he enviado un socorro de dinero ya que no me es dado dar ningún consuelo a esas desgraciadas.

¡Cuántas calamidades en un solo instante! ¡Cuántas esperanzas desvanecidas! ¡Cuántos inocentes desdichados! ¿Dónde está, amigo, la mano de la Providencia? ¿Por qué abandona así sus criaturas a los tiros crueles de la fortuna? ¿No puede derramar torrentes de bien por todas partes? ¿Por qué deja, pues, al mal enseñorearse del mundo y pasear su hoz inhumana en medio de los hombres? ¿Necesita por ventura su cólera, para aplacarse, tantas víctimas, y tantas víctimas inocentes? ¿Por qué no abate al criminal, al perjuro, al homicida y no deja que la virtud viva contenta para ensalzar su nombre? ¿Por qué sufre que gima la inocencia y levante inútilmente sus yertas palmas al cielo? ¿Le cuesta tanto llenar el universo con la inmensidad de sus bondades? ¿Para cuándo las guarda? La tierra es la morada del hombre; en ella deben nacer y fructificar las dichas y las esperanzas que alimenten su vida.

24. Enero, 5

Anoche, querido amigo, anoche yo dormía: un fantasma vino y llenó todas mis facultades: un velo fúnebre cubría su semblante tétrico y descarnado. Sus cóncavos ojos despedían mil flechas que traspasaban mi corazón. El pavor heló toda mi sangre; su vista me devoraba; levantó al fin su ronca voz y me dijo: tú duermes, insensato, tranquilamente, pero llegará la hora en que te sea demandada cuenta de ese reposo; llegará el día en que cada uno de los pesares que ocasionaste a tu madre, cada lágrima de las que la hiciste derramar, entrará con el peso de una montaña en el plato de la culpa. La balanza se moverá entonces y el plato de la redención subirá al cielo y el plato del pecado se hundirá en el abismo.¡Infeliz del gusano que duda que llegará el día en que los justos sean remunerados según sus obras y los impíos según sus iniquidades! Estas voces me aterraban, desperté y levantéme dando gritos como un furioso. Parecíame que el fantasma me seguía repitiendo a mis oídos, «¡matricida!», «¡matricida!». «Huye de mi vista, horrorosa fantasma, exclamaba yo con descompasadas voces, yo soy inocente: yo idolatro a mi madre y con ella se fue mi felicidad. ¿No basta que saboree a cada instante la copa del dolor sin que tú vengas a colmar mi desesperación? Pero no, yo iré y me postraré ante el trono excelso del altísimo; le diré mi inocencia, mi juventud, las pasiones que cegaban mi espíritu, llamaré por testigo a mi madre y el irrevocable fallo de su justicia pronunciará mi salvación. ¡La muerte... la muerte...!» Abrí entonces maquinalmente la ventana: el viento fresco del río penetró en mi aposento; toquéme el pulso y estaba febril... Mi agitación se calmó un tanto y poco a poco mi sangre tomó su curso ordinario, mi fantasía se despejó y vi que todo era un sueño. Así los pálidos destellos de la conciencia ofuscan la razón y nos hacen ver mil terríficos fantasmas. Cuando algún espectáculo imponente de la naturaleza viene a conmoverme y a dar pábulo con emociones terribles y violentas a mi fantasía, me reconcentro en mí mismo, y me entrego involuntariamente a mis cavilaciones sombrías. Ninguna idea riente se despierta en mi espíritu. Mi pensamiento es mi mayor enemigo; él me sigue por todas partes como un fantasma sombrío, que sale al paso a todos los contentos de mi corazón y los devora. Esta tendencia de mi imaginación a analizar y desear todos los objetos y ver el fondo de las cosas, me pierde y me hace infeliz. Un velo mágico y misterioso encubre la naturaleza moral. Desdichado del que ose levantarlo, porque se revelará a sus ojos atónitos el esqueleto horrible y las formas monstruosas y descarnadas de la realidad. El hombre no nació para conocer la verdad porque ella repugna a su naturaleza. ¿No es infinitamente más feliz el gaucho errante y vagabundo que no piensa más que en satisfacer sus necesidades físicas del momento, que no se cura de lo pasado ni de lo futuro, que el hombre estudioso que pasa lucubrando las horas destinadas al reposo? —aquél vive por vivir, muere por morir, ignora todo, o más bien sabe todo pues que sabe ser feliz— y pasa su vida sano, robusto y satisfecho, mientras éste, obcecado de dudas, de pesares y de dolencias, arrastra una vida fatigosa y sin prestigios, buscando el fantasma de la verdad y alejándose del camino de la felicidad hasta que lo sorprende en sus sueños la muerte, y devora todas sus esperanzas. Por esto dijo un sabio: el árbol de la ciencia no produce el fruto de la vida. Solo recoge el que siembra en terreno feraz.

Cuánto siento, amigo, haber venido a encerrarme en esta estrecha prisión: yo no puedo respirar entre los muros de las ciudades. Mi sangre no circula casi, aquí no hay alimento para ni fantasía, el horizonte de mi vista es muy limitado y me voy consumiendo a mí mismo poco a poco. A veces me imagino estar en medio de los llanos desiertos de nuestros campos y respirar libre su aire vivificante: me levanto, salgo de casa y camino velozmente por la primera calle que se me presenta con la vista inclinada al suelo; pero el ruido de los pasantes, los encontrones que me dan, disipan bien pronto mi ilusión y me retiro fatigado y el corazón oprimido. Así es que he tomado el partido de no salir a pasear sino al claro de la Luna y cuando el sueño retiene a los habitantes en sus moradas. Nunca olvidaré esos placenteros días que he pasado en la campaña. Allí yo podía entregarme libremente a los caprichos de mi fantasía; la naturaleza con toda su pompa y majestad se ostentaba a mis ojos, podía contemplar el oriente y el ocaso del Sol en el lejano y diáfano horizonte, e ir a contar a la Luna silenciosa y a las estrellas, la angustia de mi corazón.

Estoy deseando desprenderme de una vez de mis negocios para salir de este encierro.

Ayer con la aurora dejé mi habitación, alquilé un bote y salí con dos marineros a pasearme por el gran río. El viento soplaba fresco del sur, el tiempo estaba sereno, amainamos la velilla y nos alejamos como volando de la costa. Virábamos aquí, y allí y la aguda quilla de nuestro bote se deslizaba haciendo un murmullo apacible como por una superficie de cristal resplandeciente. Visitamos algunas embarcaciones extranjeras de la rada exterior, que como tú sabes, dista de 4 a 5 leguas de la costa y dirigimos nuestra proa a tierra. El viento soplaba con vigor; las olas crecían y se encrespaban y el cielo cubierto de nubes eclipsaba los rayos del Sol. Un murmullo sordísono resonaba a lo lejos y las marinas aves, nuncias de la tempestad, se mecían con vuelo oblicuo en las nubes o arrastraban sus alas por las concavidades y las crestas espumosas de la onda. Yo empuñé el timón; los marineros apuraban el remo; pero el choque de las olas y del viento inutilizaba mis esfuerzos. Nuestras fuerzas se agotaban en lucha tan desigual; el río levantaba más y más sus olas encrespadas, los relámpagos flameaban y el trueno retumbaba horrisonante entre las nubes. El débil pino que nos sostenía, subía en la cresta de la onda hasta las nubes y luego descendía entre dos montañas móviles de agua que nos cubrían el horizonte, desplomándose al punto con murmullo horrísono en el cauce espumoso de las aguas. El instinto de la vida sustentaba nuestro ánimo y hacía redoblar nuestros esfuerzos. La costa estaba a nuestra vista, pero un mar irritado nos separaba de ella. Dominados por la idea del peligro, nuestras almas se hicieron insensibles al aspecto iracundo y terrífico de la naturaleza. Nuestras fuerzas se agotaron y los reinos y el timón fueron presa de las olas, y el bote casi lleno de agua flotaba a merced de las olas. Pero la esperanza nos sustentaba en medio a los conflictos de la muerte. Un bote cargado de hombres zozobró a nuestra vista; los infelices flotaron un instante sobre las aguas; pero fueron luego envueltos en sus tumultuosos remolinos. Nosotros fuimos más felices: un torrente de lluvia se desplomó del cielo; sopló el viento del oriente y empujado por él y por las olas, nuestro bote encalló de repente sobre la arena. La ribera estaba cubierta de gente: empapados de agua y quebrantados de fatiga, llegamos a ella después de haber caminado un largo trecho con el agua a la cintura. A mí me llevaron, no sé cómo, a casa y ahora que te escribo, ya me encuentro restablecido y contento de un accidente que me ha hecho ver de cerca la muerte y un espectáculo maravilloso y sublime. El relámpago flamígero; el trueno horrisonante; ese hervir impetuoso de las olas; esas montañas de agua que se levantan bramando y se desploman en el abismo; el silbido del viento embravecido; esos escuadrones espesos de nubes que marchan majestuosamente chocándose con violencia y despidiendo de repente un rayo luminoso que abrasa el firmamento y nos deslumbra; esa agitación, en fin, de los elementos, han producido en mí emociones indecibles y levantado mi espíritu a una esfera sublime. Allí ningún pesar; ningún recuerdo triste vino a atribularme, y embebida toda mi imaginación en el sublime espectáculo que la rodeaba se olvidaba del mundo y de los hombres.

28. Febrero, 1°

Acabo de recibir mis libros: he separado algunos poetas y los demás pienso regalarlos a la biblioteca pública. Como sé que tú tienes una excelente colección por eso no te los ofrezco. Tú extrañarás, sin duda mi despego por lo que hizo en otro tiempo, la delicia de mis días; pero te diré que ya he perdido el gusto por la lectura. Mi imaginación concibe, abarca, crea, con más rapidez que la que un filósofo emplea para escribir otra frase; y mi corazón engendra más sentimientos y pasiones.

Además, encuentro que, en general, los escritores de esas ciencias son unos pedagogos insoportables: quieren tratar a los hombres como a niños y les dicen con tono magistral y un compás en la mano: este camino has de seguir para ser feliz; este sentimiento has de tener para no dejarte ofuscar por las pasiones y errar la senda; este pensamiento ha de ser el ídolo de tu mente si quieres ser siempre virtuoso y feliz; y cada uno aferrado a su infalible sistema divide en categorías al corazón humano y le señala la senda del bien y de la virtud. ¿Y a cuál, entre tanto, atenerse para no errar? A ninguno, porque todos nos han dado los desvaríos de su imaginación por reglas infalibles de moral y de filosofía. ¿Y a qué sirve tanto fárrago de doctrinas? A llenar de dudas el ánimo, a desmoralizar al hombre y poner muchas veces a la razón en guerra abierta con los sentimientos espontáneos del corazón. Estoy convencido que el más simple campesino sabe más sobre moral que el más sabio filósofo: es verdad que él no explica ni analiza sus sentimientos; pero es feliz ignorando cómo siente y cómo piensa. A fuerza de reglas y preceptos pierden su fuerza los sentimientos más naturales, se ofusca la imaginación, y se engendran mil facticios que pervierten al corazón.

A mí me agrada el conversar con un autor que me haga
confidente de sus pensamientos, porque su sociedad me instruye, despertando en mi espíritu alguna nueva serie de reflexiones; pero el que me habla en tono enfático y magistral
provoca mi enojo, y menosprecio. Las reglas y los preceptos
violentan las inclinaciones naturales y convierten, a menudo,
sentimientos más pacíficos en pasiones frenéticas y fatales.

Un gran poeta es para mí el genio por excelencia, porque
él me comunica sus sentimientos más sublimes o delicados,
revestidos con el mágico colorido de la imaginación, habla a
mi corazón y a mi fantasía; me deleita y me instruye hacién-
dome ver los extravíos y las consecuencias funestas de las pasiones exaltadas; al mismo tiempo que engrandece el círculo
de mis ideas y hace fecundar en mi corazón los sentimientos
elevados y generosos. Estas observaciones te explicarán mi
predilección por los libros de poesía y mi resolución de des-
hacerme de los de moral, filosofía, etc. Además el principio
que me ha dirigido en mis lecturas ha sido siempre el de saber lo que pensó en tal época este o aquel filósofo sobre los
problemas vitales de la humanidad; y como mi curiosidad se
halla ya satisfecha, sus escritos me son inútiles, pues estoy
convencido que la única y mejor norma para obrar bien es el
corazón, cuando éste no está corrompido. Pero se me dirá:
¿cómo atajar el mal de las inclinaciones viciadas? Entonces,
yo responderé: nada pueden las declamaciones de la filosofía
cuando el germen de la virtud está corrompido; así como la
medicina es impotente cuando la gangrena ha destruido el
principio vital de un órgano o de un miembro.

29. Febrero, 3

10 de la noche

La acción física es el único refugio de las corazones enfermos: ella aturde, ofusca las imágenes tristes que la imaginación engendra en sus cavilaciones sombrías. A veces acosado por mis negros pensamientos salgo y corro por las calles más desiertas como quien vuela en pos del objeto de su amor o de alguna visión encantadora, hasta que la fatiga abate mi cuerpo y amortigua la energía de mis facultades. Entonces siento aliviado el peso de mi corazón; pero luego un rato de reposo regenera mis fuerzas y vuelve más violento el pesar a atribularme con sus tétricas imágenes. ¿Cómo llenar este vacío inmenso que ha dejado la pérdida del único objeto querido, que alimentaba todas mis esperanzas? ¿Cómo reemplazar la inefable ilusión de los primeros años de la vida y sacar de las entrañas la amarga hiel de la congoja y del infortunio? ¿Cómo borrar de la memoria el recuerdo de una madre que nos dio el ser, sufriendo angustias mortales: que nos alimentó de su seno y nos prodigó hasta la muerte el inagotable tesoro de su cariño? ¿Cómo recordar los tiernos y generosos sacrificios del amor maternal sin sentir al mismo tiempo que su pérdida es irreparable? Tú sabes cuán caro costó a mi madre el cariño de su hijo... Esta idea sola me estremece; me llena de dolor y acibara mi vida.

Cuando mi fantasía vigilante vaga de pensamiento en pensamiento, y algunos sueños consoladores despiertan en mi memoria los rientes devaneos de mi primera juventud; cuando la esperanza grata me sonríe y me muestra en lo porvenir, revestidos de colorido mágico, algunos rayos de consuelo, de gloria y de felicidad; aquella idea fatal me sorprende en medio de tan halagüeñas imágenes, me oprime la garganta como un espectro odioso, me hunde en un abismo desierto y tenebroso, y me dice al oído: tú estás solo en el universo. ¿De qué te sirve la vida? Entonces extiendo mis brazos desolados por los ámbitos de la tierra; busco ansioso con la vista por todas partes; llamo en vano a mi madre con gritos descompasados y con todo el amor de mi corazón, y nadie me responde en la soledad, ninguna voz amiga viene a consolarme en mi desolación. ¿Qué es la muerte? ¿De qué me sirve la vida? ¿De qué mi juventud, mis esperanzas y el porvenir, si estoy solo en el universo? ¡Idea horrible!, ¡idea más infausta para mí que la de la muerte! El eterno reposo; el fin de todas las angustias del corazón; tal vez la nada. ¿Y qué importa que sea la nada si se acaba el sufrir? Eternidad, nada, abismos horrorosos del sepulcro para la imaginación del hombre feliz, vosotros no me espantáis. ¿Qué importa que la tumba esté desierta?, el desierto del mundo es mucho más frío y tremebundo. Vivir entre los hombres como un fantasma nocturno de que todos huyen; respirar el mismo aire y no simpatizar con ellos; sentir, pensar, sufrir solo, ocultar sus sentimientos en el fondo del corazón por no encontrar un solo ser que simpatice con ellos; hallarse rodeado de aduladores serviles o de estúpidos y orgullosos favoritos de la fortuna; vivir, en fin, en medio de los placeres y no poder participar de ellos: esto sí que es morar en desierto. La vida, dijo un gran poeta, no es más que el sueño de una sombra. La alimentan esperanzas engañosas, ilusiones fugaces, y cuando estos atractivos que la embellecían, se disipan sacando a luz su realidad desnuda ¿qué es la vida sino una sombra? ¿Por qué, pues, perseguir con tanto afán una imagen aérea y voluble? ¿Por qué poner tanto precio en una cosa que pierde tan fácilmente su valor? Cuando el corazón se halla lleno de pesares, cuando los encantos del mundo se han desvanecido y nada encuentra el infeliz sobre la tierra que pueda contribuir para aligerar el peso de una existencia desolada y fatigosa, ¿qué es la vida? Nada, el reposo de la tumba es infinitamente más precioso, pues es eterno.

P.S. Son las doce de la noche. He sufrido en dos horas momentos infernales. Una especie de vértigo se amparó de mis sentidos y ofuscó mi razón. La idea de la muerte se enseñoreó de todas mis potencias: en vano yo forcejeaba por desasirme de ella: con mano poderosa, ella me apremiaba, me arrastraba hasta el borde de la tumba y señalándome su abismo me decía: «pusilánime, aquí está tu reposo, un golpe solo y serás feliz».

Tomé mis pistolas, apliquémelas al cerebro; y ya iba... cuando una voz exclamó como bajando del cielo: «detente»... Las armas mortíferas cayeron de mi mano y mi cuerpo desmayado dio con ellas sobre la tierra. Entonces, amigo, la eternidad se desplegó ante los ojos de mi fantasía... El cielo... y allí, allí legiones infinitas de espíritus celestes y de justos entonaban en coro el hosanna eterno en alabanza de las glorias de Jehová, con voces que resonaban aún en los ámbitos más recónditos del universo y con armonías que hacían retemblar y saltar de júbilo a las esferas. Allí estaba mi madre: miróme con sonrisa dulce y cariñosa y me dijo: «la vida terrestre es un peregrinaje penoso y corto para la virtud; pero la vida celeste es la eterna recompensa de sus trabajos y tribulaciones. El don precioso de la existencia no te fue otorgado para que dispusieses de él a tu antojo, sino para que lo empleases en obras grandes y generosas hasta que llegue el día en que te sea pedida cuenta. Vive, hijo, como has vivido y hallarás algún día la felicidad si no en la tierra, en la morada de los justos: conserva puro tu corazón como hasta aquí. Y algún día recibirás el galardón destinado a la virtud».

Salí de mi letargo, mis sentidos se recobraron y mi corazón está tranquilo como nunca.

30. Febrero, 8

Te dije en una de mis anteriores que estaba comprometido a acompañar a una tertulia de baile a doña Ana, antigua amiga de mi madre. Acabo de entrar a mi cuarto, de vuelta, después de haber pasado dos horas las más deliciosas de mi vida. Yo no sé cómo mi triste corazón ha podido tan fácilmente abrirse a las impresiones halagüeñas: aún no puedo explicármelo. ¡Tal vez el poder de la hermosura! ¡Tal es la magia encantadora de un alma angélica y sensible! O inconstancia del corazón humano, que yo he pasado en un instante, del abismo de la congoja al cielo de la gloria y de las delicias. ¿Y cómo no, amigo? He encontrado en la tertulia de... a la mujer más amable y hermosa que existe sobre la tierra. Sí; la ilusión no me engaña: es imposible hallar reunidos en un mismo ser, más gracia con más sencillez, más discreción con más juventud, más candor con más inteligencia y talento; más amabilidad, en fin, con más ternura y sensibilidad, y yo he conversado con ella y me he embriagado de placer al mirarla y he sostenido en mis manos su cuerpo gentil y aéreo.

Eran las nueve: la concurrencia era muy numerosa y lucida y yo miraba, espectador indiferente, dirigirse sobre mí, como foráneo, las miradas curiosas de las bellas que componían aquella brillante reunión. Cuchicheaban en secreto de cuando en cuando y me parecía que se decían al oído ¿quién será este hombre tan frío y taciturno? Levánteme del rincón donde estaba apoltronado y me dirigí al sofá, donde doña Ana conversaba con la dueña de casa. Entré en conversación con ellas, mientras los jóvenes y señoras disfrutaban enajenados del dulce placer de la danza, cuyos compases seguía el piano con su armonía sonora. «Usted ha venido en mal día, díjome la amable señora, nuestra tertulia está hoy algo triste; falta el alma de nuestra reunión; la señorita Luisa C...» «¿Qué, no vendrá Luisa, exclamó en voz alta un concurrente?» Se hace hoy desear mucho; y al nombre de Luisita todo el concurso se puso en expectación. La contradanza se deshizo y se formaron en el recinto de la sala varios grupos a conversar.

—Usted extrañará sin duda —continuó la señora—, el interés que manifiestan mis amigas por Luisita, pero es preciso que usted sepa para que no se sorprenda, que esa señorita es el ornamento más lucido de esta sociedad por su carácter amable y bondadoso, y por su talento, gracias y jovialidad. Nuestros tertulianos no pueden pasarse sin ella y yo menos, pues cuando no viene me parece que falta algo en casa o que los humores no están tan dispuestos a la jovialidad.

—Desearía —le contesté—, conocer una señorita tan cordialmente encarecida, pues creo que el aprecio general es el mejor garante del mérito de las personas y de la bondad de las cosas.

En esto se presentó en la puerta de la sala la señorita Luisa. Toda la reunión se puso en movimiento; los corrillos se disolvieron, varios jóvenes se adelantaron a saludarla. Ella correspondió graciosamente y corrió al sofá donde yo estaba a abrazar a mi amiga dueña de casa.

—Querida, ¿por qué te has tardado tanto?; te has hecho desear mucho esta noche, nuestros concurrentes estaban inquietos por ti y aun este caballero, nuevo en nuestra sociedad, ha participado del interés que todos han manifestado, pues que te creíamos enferma.

—Varios incidentes me han impedido el poder venir antes y debo regocijarme de ello, pues que esta circunstancia me presta la ocasión de conocer más el sincero cariño que me profesan mis amigas y las buenas ausencias que hacen de mí. En cuanto a este señor, no puedo lisonjearme de que mi ausencia le haya inquietado en algún modo, pero sí creo que el interés que han manifestado mis amigas haya obrado en su espíritu de un modo favorable a mi persona.

—Señora —le contesté—: yo he deseado, como todos, la presencia de usted, y ahora le digo sinceramente que hubiera sentido sobremanera haber perdido la ocasión de conocer a una persona tan dignamente encarecida.

En esto entraron varias señoras; la conversación general se interrumpió y yo quedé hablando a mis anchas con Luisa. ¡Qué candor!, ¡qué amabilidad! De sus labios encarnados fluían las palabras más dulces que la miel, más hechiceras que las del amor. La pureza de su corazón resplandecía en sus negros ojos y a medida que la escuchaba una especie de fluido magnético, saliendo de toda su persona, se derramaba suavemente por todos mis sentidos y potencias y los encadenaba.

En ese momento se trató de bailar una contradanza. Varios jóvenes se apresuraron a convidarla, pero ya estaba comprometida conmigo. Salimos, rompió el piano. ¡Oh, cómo se llevaba la vista de todos, qué agilidad, qué gracia tan natural! Me parecía que todos me miraban con envidia porque sustentaba en mis brazos aquel talle tan airoso y elegante, aquel cuerpo tan gentil y aéreo. Jamás he sido tan bailarín ni nunca los juegos de Terpsícore me han embelesado tanto. Cesó la contradanza, continuó el baile y fue necesario ceder por prudencia mi compañera a la impaciencia de los jóvenes que se la disputaban. Llegó mi turno al fin y salimos a bailar un vals. ¡Oh, qué delicia! Aún me parece que la sostengo en mis brazos, ligera y fragante como una Sílfide aérea impregnada del ámbar de las flores. Rompe el piano el compás y nosotros partimos como el viento, rodamos por aquí y allí por el ámbito de la sala, como dos plumas en el espacio. Todo pasaba como torbellino alrededor de nosotros y aparecía confusamente. Todas las potencias de Luisa estaban en el baile y yo todo en ella. La vista de los circunstantes seguía embebida en nuestros rápidos movimientos y nosotros volábamos casi sin hollar la tierra. En aquel instante, amigo, me parecía que un ángel me llevaba sobre sus alas etéreas a la región inefable del amor y de la gloria. La ilusión se fue pero su dulce imagen me llena aún de delicia.

31. Febrero, 10

¡Qué poderoso, amigo, es el influjo de la imaginación sobre la felicidad! Ella agranda prodigiosamente las tristes imágenes que rodean al desdichado y llena a veces de ilusiones deliciosas al corazón enfermo: ella nos hunde en el abismo de la desdicha o nos sube a la cumbre de la gloria; ella nos roba y da la copa de los deleites; ella, al fin, decide de nuestro destino.

No a todos se les ha dado con la misma medida este don funesto y divino, y no sé si sea más feliz que los otros el hombre dotado de una fantasía viva y fecunda: solo sé que he sufrido en el curso de mi vida tormentos horribles y saboreado delicias inefables. Los desengaños y los contrastes me han hecho más cauto sobre las falaces ilusiones de la imaginación; pero en vano invoco a veces la razón; ella me deslumbra, me encanta con su atractivo y me lleva en sus alas etéreas más allá de los límites de la realidad a la región fantástica de las quimeras.

32. Febrero, 12

Son las siete de la tarde. El cielo está sereno y transparente; el Plata en calma, refleja al cerúleo firmamento y ambos parecen dos amigos que se miran regocijados. Los vientos duermen y mi corazón participa de este halagüeño reposo de la naturaleza. Mil rientes imágenes vagan en derredor de mi mente y una de ellas más pura que un ángel me sonríe cariñosa y me muestra en lo porvenir un mundo de glorias y deleites inefables. ¿Qué mudanza tan repentina es ésta? No puedo explicármela. ¿Serán, amigo, ilusiones fugaces como todas la que han alimentado hasta aquí mi vida? Qué importa: el náufrago que lucha fatigado con las aguas debe asirse de la primer tabla que se le presente aunque luego las olas turbulentas y encrespadas lo envuelvan de nuevo en sus tumultuosos remolinos.

Ella ocupa todas mis potencias, me sigue por todas partes, la veo en todos lugares, me sonríe en mis sueños y es el ángel tutelar de mi vida.

Libros a la carta

A la carta es un servicio especializado para

empresas,

librerías,

bibliotecas,

editoriales

y centros de enseñanza;

y permite confeccionar libros que, por su formato y concepción, sirven a los propósitos más específicos de estas instituciones.

Las empresas nos encargan ediciones personalizadas para marketing editorial o para regalos institucionales. Y los interesados solicitan, a título personal, ediciones antiguas, o no disponibles en el mercado; y las acompañan con notas y comentarios críticos.

Las ediciones tienen como apoyo un libro de estilo con todo tipo de referencias sobre los criterios de tratamiento tipográfico aplicados a nuestros libros que puede ser consultado en Linkgua-ediciones.com.

Linkgua edita por encargo diferentes versiones de una misma obra con distintos tratamientos ortotipográficos (actualizaciones de carácter divulgativo de un clásico, o versiones estrictamente fieles a la edición original de referencia).

Este servicio de ediciones a la carta le permitirá, si usted se dedica a la enseñanza, tener una forma de hacer pública su interpretación de un texto y, sobre una versión digitalizada «base», usted podrá introducir interpretaciones del texto fuente. Es un tópico que los profesores denuncien en clase los desmanes de una edición, o vayan comentando errores de interpretación de un texto y esta es una solución útil a esa necesidad del mundo académico.

Asimismo publicamos de manera sistemática, en un mismo catálogo, tesis doctorales y actas de congresos académicos, que son distribuidas a través de nuestra Web.

El servicio de «libros a la carta» funciona de dos formas.

1. Tenemos un fondo de libros digitalizados que usted puede personalizar en tiradas de al menos cinco ejemplares. Estas personalizaciones pueden ser de todo tipo: añadir notas de clase para uso de un grupo de estudiantes, introducir logos corporativos para uso con fines de marketing empresarial, etc. etc.

2. Buscamos libros descatalogados de otras editoriales y los reeditamos en tiradas cortas a petición de un cliente.

9 788490 079461